MONSEIGNEUR

LOUIS-ANTOINE-AUGUSTIN PAVY

ÉVÊQUE D'ALGER

SIMPLE ESQUISSE

PAR UN ANCIEN CURÉ DE LAGHOUAT

Auteur des *Arabes et de l'occupation restreinte en Algérie*
et de *l'Assimilation des Arabes.*

PARIS

CHALLAMEL AINÉ, LIBRAIRE-ÉDITEUR

30, RUE DES BOULANGERS-SAINT-VICTOR

1867

MGR LOUIS-ANTOINE-AUGUSTIN PAVY

ÉVÊQUE D'ALGER

SIMPLE ESQUISSE

L'évêque d'Alger, que la mort vient d'emporter si prématurément, c'est là un jugement que la postérité ratifiera, a été une des plus nobles et des plus belles figures du clergé français de notre temps.

Soumis pendant plusieurs années à son autorité pastorale, appelé par lui à franchir successivement tous les degrés du sacerdoce, j'ai eu l'honneur de le connaître et de l'approcher souvent, avant même de lui appartenir comme prêtre. Aujourd'hui, éloigné de l'Algérie, et quoique attaché à un diocèse de France, je n'en avais pas moins conservé, pour Monseigneur Pavy, le dévouement le plus respectueux et le plus profond. Qu'il me soit donc permis d'exprimer ici, dans ces simples pages, mes regrets et ma reconnaissance. Je le ferai aussi brièvement que possible ; pour tout dire, il faudrait un livre ; ce livre, un plus habile que moi l'écrira un jour sans doute. Mon but est plus modeste ; je dirai la vérité : on ne doit pas plus flatter les morts que les vivants. Venant de moi, la louange que j'adresse au vénérable évêque que l'Église d'Afrique a perdu, ne saurait être suspecte de partialité.

Au reste, bien peu d'hommes ont mérité plus que lui des éloges. Certes, il n'était point parfait ; lui-même, avec une humilité pleine de franchise et de bonhômie l'avouait et le reconnaissait, — point de soleil sur la terre qui ne soit obscurci par quelque tache, — mais chacun lui rendra cette justice, que parmi les meilleurs, il était excellent.

Jamais épiscopat ne fut plus laborieux que le sien, entouré de plus de périls et de plus de difficultés. Heureusement, Monseigneur Pavy n'était pas de ceux que le travail épouvante et que les difficultés désespèrent. Avec une énergie, qui ne s'est pas un instant ralentie, à son arrivée en Afrique, il se mit vaillamment à l'œuvre, conjura les périls par son adresse, tourna habilement les obstacles lorsqu'il lui fut impossible de les vaincre, et eut le rare bonheur de voir, presque toujours et en tout, ses efforts couronnés par le succès. Il s'en est allé trop tôt pour l'Église d'Afrique, on l'a déjà dit, et sa mort y laissera un vide qui sera difficilement comblé. Cette phrase, aujourd'hui banale à force d'être répétée, à propos d'hommes qui n'ont fait que passer sur la terre sans y imprimer leurs traces, n'est ici que l'expression de la vérité. Dieu veuille que son successeur, animé du même zèle, doué du même esprit et orné des mêmes qualités personnelles, continue avec le même bonheur et la même persévérance, la mission à laquelle Monseigneur Pavy avait consacré

sa vie, et pour laquelle, il faut le reconnaître, il l'a épui-
sée.

Partout ailleurs, avec son beau talent d'orateur et d'écri-
vain, sa science prodigieuse, son expérience des hommes
et des choses, sa conversation spirituelle et variée, toujours intéressante et instructive, la généreuse bonté de
son cœur, le charme de ses manières, ce je ne sais quoi
répandu sur toute sa personne, qui séduisait et attachait
à lui dès qu'on avait pu le voir dans l'abandon de l'intimité, partout ailleurs, dis je, ce vénérable prélat eût été
un pontife remarquable ; mais l'Algérie, où tout était à
soutenir, à reprendre ou à créer, où l'activité de sa pensée et de son action pouvait se déployer à l'aise, où les
projets réalisés appellent d'autres desseins, où les œuvres
accomplies invoquent l'établissement d'œuvres nouvelles,
l'Algérie en a fait un illustre et grand évêque. C'était là
un champ de bataille digne de son génie. De son vivant,
il a eu, qui ne le sait ? des détracteurs et des envieux, —
toutes les supériorités ont passé par là, — mais aujour-
d'hui qu'il n'est plus, et que pour lui l'heure de la justice
a sonné, ceux qui lui étaient hostiles, d'accord avec ceux
qui le pleurent, n'entourent son cercueil, à peine fermé,
que de leur admiration et de leurs regrets.

En prenant possession de son siége, le 2 juillet 1846,
dans un mandement resté célèbre, Monseigneur Pavy,
après avoir raconté en quelques traits rapides à ses diocésains, l'emploi des années qui avaient précédé son élé-
vation à l'épiscopat (1), s'écriait, rempli d'un saint en-

(1) Monseigneur Pavy était né à Roanne (Loire), le 28 mars 1805.
Après de brillantes études, il remplit depuis 1829, jusqu'en 1837, les
fonctions de vicaire, d'abord à Saint-Romain de Propey, où il resta un
an, puis à Saint-Bonaventure, de Lyon. Appelé ensuite à la Faculté de
théologie de la même ville, il y professa l'histoire avec un succès dont

thousiasme : « O rivage de l'Afrique ! notre regard vous salue, nos désirs vous appellent. Avec quel religieux émoi nous poserons le pied sur ton sol, ô sainte Église d'Alger ! Comme nous voudrions t'apporter la lumière, la paix et la vie ! Comme il nous serait doux de penser qu'il ne sera point impossible à notre zèle de faire revivre quelque chose de ta vieille gloire, et d'élever peu à peu tes espérances à la hauteur de tes souvenirs ! Oh ! du moins, puisse notre dévouement te tenir lieu de tout ce qui manque aux successeurs de tes grands évêques, au successeur de ton immortel Augustin ! Puissions-nous, loin de les compromettre ou de les laisser s'affaiblir entre nos mains, servir et féconder tes immortelles destinées ! Elles seules auront notre pensée, dicteront nos paroles, dirigeront nos démarches ; et voilà pourquoi, N. T. C. F., lorsqu'il nous a fallu, non pour nous anoblir, mais pour nous faire reconnaître de vous, choisir un sceau, des armes et une devise, oubliant notre personne, nous n'avons pensé qu'à l'avenir de l'Algérie chrétienne, l'étendard de la croix sous la forme triomphale d'un labarum, et ces prophétiques paroles de l'Apôtre : *Ressuscité, le Christ ne meurt plus !* Mission, espérances, conditions et moyens de succès, tout se résumera pour nous dans cet éclatant symbole. »

Depuis le jour où il débarqua sur la terre d'Afrique, jusqu'au moment où Dieu l'appela à lui, Monseigneur Pavy s'inspira de ces hautes pensées et travailla à réaliser ce splendide programme : donner la lumière et la vie à l'Église d'Alger et lui rendre la paix.

on garde encore le souvenir. C'est là qu'une ordonnance royale du 26 février 1846 vint le surprendre en le nommant à l'évêché d'Alger, honneur dont il était assurément digne, il l'a prouvé, mais auquel il ne prétendait pas.

Il arrivait à Alger, il faut bien le dire, dans les circonstances les plus pénibles. Si Monseigneur Dupuch, auquel il succédait, avait le cœur et les vertus d'un apôtre, malheureusement il n'en possédait point la prudence. L'ardeur de son zèle l'avait entraîné au-delà des bornes de la sagesse et précipité dans des embarras d'argent déplorables, à tous les points de vue, et inextricables. On connaît ses malheurs et ses longues souffrances. Obligé de se cacher pour échapper aux poursuites des nombreux créanciers que son inépuisable charité, incapable de calculs, lui avait faits, abandonné, malgré de solennelles promesses, par le pouvoir qui gouvernait alors la France, il fut enfin contraint de donner sa démission et de se réfugier à l'étranger. Suivant un mémoire que j'ai entre les mains, et signé de ce saint prélat, le 15 mars 1846, il devait encore la somme énorme de 354,500 francs, après avoir dépensé en bonnes œuvres celle non moins considérable de 692,037 francs. Au moment où Monseigneur Pavy y mettait le pied, Alger était encore sous le coup de l'émotion et du bruit de ce grand désastre.

En outre, Monseigneur Dupuch, d'une bonté qui allait parfois jusqu'à la faiblesse, ayant besoin de prêtres pour évangéliser son immense diocèse, en avait accepté de partout et de toutes mains, sans les avoir préalablement soumis à un examen sérieux Des abus regrettables devaient être et avaient été, en effet, la conséquence de cette déplorable facilité. Déjà M. l'abbé Dagret, vicaire-général, homme d'une vertu intègre, qui administrait le diocèse pendant que Monseigneur Dupuch se dérobait aux poursuites dont il était l'objet, avait travaillé à des réformes rendues chaque jour plus nécessaires, et que les ecclésiastiques honorables de la colonie réclamaient avec instance, mais l'autorité absolue dont il aurait eu besoin pour mener à bien toutes choses, cette autorité lui manquait. Il ne pouvait donc agir que lentement et avec une prudence extrême. N'avait-il pas d'ailleurs à ménager la susceptibilité du pauvre évêque, son ami, errant dans les solitudes de la trappe de Staouëli, et pouvait-il apporter à son cœur déjà si cruellement blessé, de nouvelles tortures. Il attendait donc, remédiant au plus pressé.

Tout le monde, au reste, était convaincu à Alger que M. l'abbé Dagret, succèderait à Monseigneur Dupuch. L'illustre gouverneur-général Bugeaud l'avait lui-même demandé, et il se croyait tellement sûr du succès, que j'ai tenu dans mes mains l'anneau épiscopal, la croix et la chaîne d'or que sa femme, Mme la maréchale, persuadée qu'il allait être élevé à cette haute dignité de l'Église, avait offerts à ce vénérable ecclésiastique. La nomination de M. l'abbé Pavy, doyen de la faculté de Lyon, auquel en Algérie personne ne songeait, vint brusquement fixer les incertitudes et anéantir les espérances de ceux qui avaient d'autres vues.

Je le dirai avec tout le respect et la tendresse de mon cœur pour une mémoire vénérée et chérie, M. l'abbé Dagret avait bien les vertus, le savoir, le zèle, la prudence et la dignité qui doivent partout distinguer un évêque, mais, dans les tristes circonstances où l'on se trouvait alors, il fallait plus que cela à l'évêque d'Alger. Cette énergie indomptable, cette activité infatigable de pensée et d'action, cet esprit si brillant, toujours en éveil et si fécond en ressources, cette parole vive et colorée, toujours prête et toujours sûre d'elle-même, qui éblouit, qui entraîne et qui captive, en un mot, cette puissance d'un grand talent incontesté, qui impose et qui s'impose, qui entourait Monseigneur Pavy, partout où il se montrait, d'un prestige devant lequel chacun s'inclinait, M. l'abbé

Dagret ne la possédait pas. Plus que jamais pourtant cette puissance, qui assure la considération et commande le respect, était nécessaire ; car le nouvel évêque d'Alger avait, non à la faire, mais chose plus difficile, à reconquérir une position compromise, à relever le siége épiscopal des outrages et des humiliations qu'il avait subis, et à lui rendre une influence depuis longtemps éteinte dans les conseils et dans l'opinion. Monseigneur Pavy fut l'homme de la Providence, il était riche de tout ce qui manquait à M. l'abbé Dagret pour suffire à cette lourde tâche.

En prenant possession de ses redoutables fonctions l'évêque, Monseigneur Pavy, qui amenait avec lui plusieurs ecclésiastiques distingués du diocèse de Lyon, débuta par un acte de haute sagesse. Il conserva comme vicaires généraux M. l'abbé Dagret et M. l'abbé Suchet, précédemment attachés, au même titre, à la personne de Monseigneur Dupuch.

M. Dagret, auquel la manière assez étrange dont le traita Monseigneur Pavy au moment même de toucher le sol africain (1), ne devait pas faire pressentir cette preuve de confiance, cachait sous un extérieur un peu froid, un bon sens exquis et un cœur d'élite. Il était surtout homme d'administration et de cabinet. Le nouvel évêque ne tarda pas à apprécier son rare mérite, et il lui voua depuis une affection qui ne s'est jamais démentie.

---

(1) Le 10 juillet 1846, Monseigneur Pavy n'avait pas encore quitté la frégate qui l'avait amené. M. l'abbé Pelletan, doyen du chapitre, s'étant rendu à bord pour prendre ses instructions, en revint en intimant l'ordre à M. l'abbé Dagret, de la part du nouvel évêque, d'avoir à quitter *immédiatement* les insignes de camérier, titre dont l'avait honoré Sa Sainteté Grégoire XVI, à la prière de Monseigneur Dupuch. Cette boutade, qu'on ne s'explique pas, fit sensation à Alger.

Je ne suivrai pas Monseigneur Pavy dans toutes les phases de sa vie d'évêque, les limites que je me suis assignées ne me le permettent pas, je dirai seulement qu'à peine installé, il se mit à l'œuvre et que, l'impulsion de son énergique direction se fit immédiatement sentir dans l'administration du diocèse.

Sa présence avait rendu « la paix » à l'Église d'Afrique si profondément troublée ; dès qu'il se fut montré, son prestige fut grand et son influence considérable. C'était beaucoup, sans doute, d'avoir ainsi relevé le siége d'Alger du discrédit où il était tombé, et reconquis à son titulaire la considération générale, mais ce n'était pas assez, il fallait de plus donner à cette Église « la lumière et la vie, » ce qui ne pouvait se faire que par la diffusion de la bonne nouvelle de l'Évangile et par l'augmentation du nombre des paroisses. Des titres nouveaux et des prêtres pour les occuper étaient donc nécessaires. Le nouvel évêque, sans bruit, sans éclat, avec une prudence et une sagesse incomparables sut pourvoir et faire face à tout.

Il existait bien déjà un grand séminaire, si l'on peut toutefois donner ce nom à l'étroite maison de l'impasse Sainte-Philomène où quelques élèves en théologie, privés d'air et de lumière, étaient entassés avec leurs malheureux directeurs. Evidemment, cette situation n'était pas tolérable et ne pouvait pas se prolonger. Monseigneur Pavy s'occupa tout d'abord de l'améliorer, autant que cela était possible, en attendant un local plus convenable. Ce ne fut qu'en 1849 que ce local, depuis si longtemps sollicité, lui fut enfin concédé par le général Cavaignac. C'est le camp de Kouba, situé à huit kilomètres d'Alger. Ce camp, ou plutôt ces restes d'un camp, établi là en 1832, ne se composait plus alors que d'ignobles baraques chancelantes et vermoulues. Je puis en parler, car je l'ai habité :

j'ai vu notre vénérable supérieur se servir d'un parapluie dans le réfectoire, les scorpions et les couleuvres ne respectaient pas toujours nos chambres, mais du moins l'air y était pur et l'espace considérable. Tout a bien changé depuis ! Grâce aux efforts persévérants de l'infatigable évêque, ces baraques sont aujourd'hui remplacées par un magnifique bâtiment qui, en 1865, comptait cinquante-deux élèves en théologie.

Les soins qu'il donnait au développement de son grand séminaire, pépinière future de ses prêtres, n'empêchait pas Monseigneur Pavy de déployer en même temps, la plus active sollicitude en faveur d'un autre établissement qui devait servir, dans l'avenir, à l'alimenter, je veux dire, le petit séminaire. La création en fut autorisée par une ordonnance royale en date du 20 novembre 1846. A ce petit séminaire il fallait recruter des sujets. L'évêque d'Alger y pourvut par la fondation d'une autre œuvre celle des maîtrises établies sur presque toute la surface de la colonie et dans lesquelles on enseigne, avec le français, les éléments de la langue latine. Ces trois magnifiques créations, enfants de la même pensée, concourent à un but commun, former enfin un clergé homogène à l'Église d'Afrique. Maintenant, une vingtaine d'élèves partent chaque année du petit pour le grand séminaire, et en 1865, le premier de ces établissements renfermait cent trente élèves.

Là était l'espérance de l'avenir, mais il fallait parer aux nécessités du présent. D'excellents prêtres, attirés par sa réputation, et désormais sans inquiétude sur le sort de l'Algérie chrétienne, vinrent de France, se grouper autour de l'évêque d'Alger ; les séminaires de la mère patrie lui fournirent des sujets éprouvés dont quelques-uns déjà touchaient au seuil du sacerdoce ; on ne vit presque plus en Afrique de ces déceptions douloureuses qui avaient signalé l'administration de M. Dupuch ; des paroisses nouvelles et nombreuses furent successivement créées ; les populations, naguère abandonnées, sans guide et sans consolations, à des distances souvent considérables, apprirent à se ressouvenir de Dieu et purent s'agenouiller dans ses temples ; les enfants reçurent le bienfait si désiré d'une éducation chrétienne ; « la lumière » se faisait par la prédication de l'Evangile, et « la vie » de la grâce circulait partout à flots avec la connaissance de Jésus-Christ ; les colons, en se voyant l'objet de tant de sollicitude, se sentirent renaître et se mirent au travail avec ardeur ; l'Afrique dont la situation était déplorable, se moralisa ; le sentiment du devoir pénétra dans les âmes et y remplaça peu à peu cette nonchalance et cette apathie pour le bien dont rien ne venait éveiller l'amour ; désormais, dans les campagnes, on connut le dimanche et ses saintes joies ; la cloche, cet écho de la patrie absente, se fit entendre chaque jour, — la mort pouvait venir, on serait du moins béni à sa dernière heure par la religion de ses pères, et sur sa tombe une voix amie répandrait des prières en face du signe auguste de l'espérance !

Sur son lit de mort, l'illustre prélat regrettait de ne pouvoir assister au couronnement des œuvres qu'il avait commencées.... Ah ! sans doute, il lui restait encore beaucoup à faire pour l'Afrique chrétienne, mais quand on songe qu'au moment où il en prenait possession, le diocèse d'Alger comptait à peine quelques centres pourvus de prêtres et qu'il le laisse aujourd'hui enrichi de plus de *cinquante* vicariats et de *deux cents* paroisses, on ne peut s'empêcher de s'écrier, à la pensée de tant d'œuvres qui ont pris naissance et se sont développées au pied de toutes ces Églises, que Monseigneur Pavy avait assez fait pour le ciel, et que jamais vie d'évêque n'a été plus glorieusement remplie !

L'évêque d'Alger s'occupait avec le soin le plus assidu non-seulement des plus petits détails de son vaste diocèse ayant l'œil à tout, se faisant rendre compte de tout, mais encore, chaque année, il visitait toutes les paroisses d'une des provinces dont il se composait, et ainsi, dans l'espace de trois ans, il le parcourait tout entier. Là, constamment sur la brèche, accomplissant à la lettre le précepte de saint Paul à Tite, on le voyait, sans cesse parler, reprendre, encourager, exhorter, louer, et il s'en acquittait si bien ! avec une verve, un entrain, une éloquence qui charmait l'oreille, tout en laissant des traces profondes dans le cœur. Quel à-propos et quelle mesure parfaite dans ses réponses aux compliments qu'on lui adressait dans ses tournées pastorales ! Rien de plus gracieux, de plus aimable et de plus poétique en même temps. Il trouvait des mots charmants pour tout le monde, pour les hauts fonctionnaires, pour les pauvres colons, pour les militaires ; il était à l'aise partout, parce qu'il était l'homme de tous et de chacun, et avec cela, toujours évêque des pieds à la tête, plein de convenance et de dignité.

Je citerai, entre un grand nombre d'autres, à l'appui de ce que je viens de dire, un fait peu connu et qui peint à la fois l'évêque d'Alger et M. le maréchal Pélissier, de vaillante mémoire.

C'était le 14 juin 1851. On attendait Monseigneur Pavy au grand séminaire de Kouba, pour une ordination qu'il devait y faire ce jour-là. A huit heures du matin, suivant son habitude, il y arriva accompagné de ses vicaires-généraux et de M. Pélissier, qu'il avait saisi au passage sans même lui laisser le temps de se reconnaître. Ce général remplissait alors les fonctions de gouverneur par intérim. A peine descendu de voiture, laissant M. Pélissier dans son appartement, l'évêque s'esquiva un instant et griffonna à la hâte quelques lignes qu'il remit à M. l'abbé Laurent, aujourd'hui curé de Constantine, avec ordre de les lire au général au moment où il sortirait pour se rendre à la chapelle. Tout étant prêt pour la cérémonie, les séminaristes allèrent en corps prendre chez lui Monseigneur Pavy, et dès que M. Pélissier, précédant l'évêque, se montra, il fut tout surpris de s'entendre adresser un compliment des plus élogieux, absolument comme si sa présence au séminaire y eût été connue à l'avance. Mais il ne perdit pas la tête, sa réponse fut originale comme son esprit : « Messieurs, nous dit-il, je sais que vos *chefs* vous enseignent ici l'amour du bien, vous et moi, nous ne devons avoir en effet qu'une pensée, celle de le faire partout et toujours... Marchons !... »

A la chapelle, le général s'installa dans un fauteuil, tout près de l'autel, un *Manuel des Ordinants* à la main, et ayant à ses côtés un des directeurs de la maison qui lui aidait à suivre les belles prières dont l'Eglise se sert pour sacrer ses prêtres. — Je demande pardon d'entrer dans ces détails, mais j'aime à me persuader qu'ils intéresseront. — Tout alla bien jusqu'au moment où l'évêque procéda à l'ordination de ceux qui allaient être élevés au sacerdoce, mais à partir de ce moment, et plus la cérémonie s'avançait, plus M. Pélissier s'agitait d'une manière étrange sur son fauteuil. Sans doute il avait entendu dire ou il avait lu que les nouveaux prêtres devaient prêter serment à l'évêque, et peut-être s'imaginait-il que c'était tout d'abord par là qu'il fallait commencer, car sans cesse il allongeait sa main ouverte vers Monseigneur Pavy, geste qu'il accompagnait d'un mouvement de tête des plus expressifs, comme pour lui dire : « Mais, vous oubliez quelque chose ! » Le directeur avait beau lui parler à l'oreille, il ne l'écoutait plus. Lorsqu'il vit enfin cette partie de la cérémonie s'accomplir, sa rude et martiale physionomie s'éclaira d'une expression satisfaite, et tout dans son attitude semblait dire : « Voilà ce que j'attendais ! » L'évêque parla ensuite. Rappelant que nous étions au 14 juin et disant combien il était heureux de faire une ordination aussi nombreuse au jour de l'anniversaire glorieux qui avait vu nos soldats, pour la première fois, poser le pied sur la terre d'Afrique, il ajouta avec ce bonheur d'à-propos que je signalais tout à l'heure : « C'est là que de jeunes officiers, aujourd'hui généraux illustres, ont débuté dans le métier des armes et commencé une carrière qu'ils devaient faire si brillante... Vous êtes un de ceux-là, M. le gouverneur, car vous y étiez. » — « Oui ! s'écria à pleins poumons le brave général ravi et touché, sans s'apercevoir qu'il interrompait l'évêque.... Oui, c'est vrai, j'y étais ! »

Si Monseigneur Pavy savait être aimable, prévenant et gracieux pour tout le monde, et c'était là le fonds habituel de son caractère, il savait très-bien aussi relever énergiquement ce qui lui paraissait un manque d'égards ou une impertinence. Malheur alors à l'étourdi ou à l'imprudent qui se laissait aller à l'un ou à l'autre, car immédiatement il lui arrivait en pleine poitrine un de ces mots écrasants dont on se rappelait longtemps.

Un jour, le 17 juin 1853, Monseigneur Pavy étant au presbytère de Cherchell, s'entretenait avec plusieurs ecclésiastiques, dont je faisais partie, en attendant le passage du bateau d'Oran, lorsqu'on annonça le colonel et tous les officiers de la garnison, qui venaient pour lui rendre visite. Après les compliments d'usage et quelques phrases banales échangées de part et d'autre, l'évêque reprit à-peu-près en ces termes la conversation commencée : — « Je disais à ces Messieurs, lorsque vous êtes entré, colonel et vous Messieurs, qu'il est au moins singulier de voir, dans un pays tout catholique comme le nôtre, un laïque ministre des cultes, laïque qui peut être protestant, juif, musulman, si la fantaisie en prenait au chef de l'État, car je ne connais pas de lois qui s'y opposent... Et ce laïque qui peut ne pas croire à la divinité de notre mission, nous adressera à nous cardinaux, archevêques, évêques, des circulaires, et c'est à lui que nous aurons recours pour les affaires de nos diocèses ! C'est lui, qui le plus souvent, ignorant de la théologie et du droit canon, qui ne serait peut-être pas capable de suivre dans un livre, sans se tromper, toutes les parties de la messe, c'est lui qui sera le centre où toutes les demandes, toutes les réclamations qui ont rapport au culte extérieur viendront aboutir ! C'est lui, qui peut-être n'admet pas la sainteté du but, les hautes et sublimes idées de renoncement et de perfection qui fondent les communautés religieuses, approuvera celles-ci ou rejettera celles-là, tout en étant, peut-être, dans le fond hostile à toutes ! C'est lui, en un mot, qui, devant les chambres assemblées, sera chargé de représenter le clergé, dont il ne fait point partie, de parler au nom des intérêts religieux et de les défendre ! J'avoue que c'est là une chose qui confond ma raison et à laquelle il m'est impossible de m'accoutumer. Est-ce que vous n'êtes pas de mon avis ? »

Chacun alors dit son mot, et avec cette réserve pleine de convenance qu'on trouve chez les hommes bien élevés, aucun des officiers présents ne vint contredire le sentiment si nettement exposé de l'évêque. Mais un tout jeune sous-lieutenant qui jusque-là s'était contenté d'écouter sans ouvrir la bouche, se hasarda à dire : — « Alors, Monseigneur, on séparerait le ministère de l'instruction publique de celui des cultes.... »

— « Monsieur ! s'écria Monseigneur Pavy en se tournant vers lui comme un lion blessé... Monsieur ! est-ce que vous prenez les évêques pour des ânes ? Sachez qu'il n'y a en France que huit (1) hauts dignitaires de l'Université, et j'en suis un ! »

Le pauvre sous-lieutenant à qui la brusque apostrophe de l'évêque avait révélé la maladresse qu'il venait de commettre, devint de toutes les couleurs, et pour se donner une contenance, il s'escrimait à tortiller une moustache, hélas ! encore absente. Un silence pénible suivit, et afin d'y mettre un terme, M. Chapelier, alors curé de Cherchell, homme d'esprit, eut l'heureuse inspiration de dire :

— « Monseigneur, le bateau pourrait bien être arrivé. »

Tout le monde se leva, et Monseigneur Pavy s'apercevant qu'il avait peut-être été un peu dur pour ce jeune homme, s'approcha de lui comme il traversait la cour, et lui mettant familièrement le bras sous le sien : — « Vous avez un charmant défaut, mon enfant, lui dit-il avec bonté, défaut que j'ai eu comme vous et que je n'aurai plus, celui d'être jeune... Voyez, je suis évêque, vous deviendrez général ! »

Ah ! si la mère de ce jeune homme l'eût vu alors, comme moi, lever vers Monseigneur Pavy, qui le regardait avec complaisance, des yeux émus et ravis, animés d'une expression que je ne saurais rendre, des yeux qui deman-

(1) Je ne puis pas affirmer que ce soit là le nombre cité par Monseigneur Pavy.

daient pardon et qui criaient merci ! ... elle eût été bien heureuse.

Un autre jour, mais dont je ne me rappelle pas la date, le vieux père de l'évêque, venu en Afrique voir son fils, retournait en France, à Roanne, où il demeurait. La veille, le commandant et l'état-major de la frégate qui devait l'emmener, avaient dîné à l'évêché où Monseigneur Pavy n'avait rien négligé pour les bien accueillir et leur faire fête. Quelques instants avant l'heure de l'embarquement, l'évêque, accompagné de son vicaire-général, M. l'abbé Dagret, conduisit son père à la frégate ancrée dans le port. D'habitude, quand Monseigneur Pavy devait aller à bord d'un navire de l'État, le commandant, prévenu, l'envoyait prendre dans son propre canot, l'attendait au haut de l'escalier entouré de ses officiers, et le faisait passer, pour arriver au salon, au milieu des hommes de l'équipage rangés en ligne. Il en était de même au départ.

Ces honneurs étaient-ils dus à l'évêque, ou le commandant qui les lui rendait faisait-il seulement en cela acte de haute courtoisie, je l'ignore ; mais, cette fois, voici comment les choses se passèrent. Je ne me souviens plus si le commandant lui dépêcha son canot, mais lorsque l'évêque monta à bord, il trouva le commandant qui l'attendait *seul* au sommet de l'escalier : point d'officiers, point de matelots, une simple invitation d'entrer se reposer au salon. Monseigneur Pavy, accoutumé à d'autres façons d'agir, et blessé de se voir reçu si cavalièrement par un officier qu'il avait si honorablement traité la veille, refusa. Le commandant alors s'excusant en quelques mots d'être obligé de le quitter, le laissa sur le pont sans plus s'occuper de lui. Après un quart d'heure passé à s'entretenir avec son père, l'évêque, songeant au départ, se dirigea vers l'escalier, et le hasard voulut que sur son chemin il rencontrât le commandant qui, sans doute ne l'ayant pas vu venir, causait avec quelqu'un et obstruait le passage. Soit que Monseigneur Pavy prît cela pour un nouveau manque d'égards, soit qu'il eût décidé de lui donner une leçon de savoir-vivre :

— « Monsieur ! lui dit-il d'une voix terrible, en lui touchant le bras.... Monsieur, si vous ne respectez pas le caractère, respectez le rang !.... Faites-moi place. »

Le commandant, un peu étourdi, s'écarta immédiatement et chercha à s'excuser, mais l'évêque le regardant de haut en bas de cet air qu'il savait si bien prendre à l'occasion, descendit ensuite l'escalier sans plus ajouter un mot.

Enfin, car il faut que j'abrège, une autre fois, c'était quelques jours après la révolution de février, la femme d'un haut fonctionnaire de l'instruction publique vint en visite à l'évêché. Voulut-elle y mettre un peu de malice, ce que je ne crois pas, ou fut-elle la victime d'une distraction, ce qui est plus probable, toujours est-il qu'elle salua Monseigneur Pavy d'un : — « *Monsieur* l'évêque j'ai bien l'honneur.... » — « Bonjour, *citoyenne*, lui répondit-il en souriant, comment vous portez-vous ?... Je crois, ajouta-t-il que le tutoiement n'est pas encore décrété. »

On pense si la visite fut courte !

Ce ne fut guère qu'au mois de novembre 1847 que le nouvel évêque d'Alger se révéla à ses diocésains et se fit admirer comme orateur catholique, et voici en quelle circonstance. Monseigneur Dufêtre, évêque de Nevers, mort depuis, était venu en Afrique appelé par Monseigneur Pavy pour donner une mission de jubilé. Ce vénérable prélat, dont la réputation comme prédicateur était bien établie, avait une peur affreuse de notre climat algérien. Soit qu'il le devînt réellement, soit que l'imagination, cette terrible *folle* qui ébranle parfois les têtes les plus solides, eût joué là son rôle habituel, le fait est que Monseigneur Dufêtre se déclara un jour malade, et il se hâta de retourner en France, laissant à Monseigneur Pavy le soin de terminer l'œuvre que sa santé ne lui permettait pas d'achever. L'évêque d'Alger, toujours intrépide, ne recula point devant cette tâche imprévue. Il me semble encore le voir, le front rayonnant de l'enthousiasme d'un apôtre, dans cette chaire de la nouvelle cathédrale, où depuis il a monté si souvent! Tout ce que la ville comptait d'hommes distingués dans l'armée, la magistrature, les différentes administrations étaient là. Est-il besoin de le dire? Son succès fut magnifique, l'impression qu'il causa, unanime et profonde. On crut revoir Augustin secouant la poussière des siècles, et venant de nouveau faire entendre sa voix à cette terre illustrée jadis par son éloquence; ce succès ne fit que grandir encore à chacun des trois discours qu'il donna sur ce texte de saint Paul : *Christus heri, hodie et in sœcula*, et par lesquels il clôtura le jubilé.

Depuis, l'évêque d'Alger, qui possédait à un degré éminent toutes les qualités qui font l'orateur chrétien, a pu s'élever à cette hauteur, jamais il ne l'a dépassée.

Quelques-uns ont prétendu qu'il écrivait ses sermons ; c'est là une erreur dont je puis mieux que personne prouver la fausseté. *Il improvisait toujours*, et je l'affirme, le plus souvent même sans préparation. Il se bornait seulement à griffonner, sur un morceau de papier, grand comme la main, une sorte de plan contenant le texte principal et les divisions de son discours. Ce plan, il me le remettait avant de monter en chaire, et je dois dire pourquoi, car ce fait tout simple, on ne se l'expliquerait pas.

J'ai parlé plus haut des trois magnifiques discours qu'il prêcha, à défaut de Monseigneur Dufêtre, lors du jubilé de 1847. J'en fus, comme tout le monde, tellement ému et frappé, ils se gravèrent si profondément dans ma mémoire que, rentré chez moi et encore sous l'impression du moment, je les écrivis presque textuellement. Simple laïque et habitant Alger, mais me préparant déjà à entrer dans les ordres, j'avais l'honneur de voir assez fréquemment Monseigneur Pavy. Un jour, c'était peu de temps après le jubilé, quelqu'un, en ma présence, lui parlant de l'effet produit par ces trois remarquables discours, l'évêque répondit avec cette franchise qui le caractérisait :

— « On prétend, en effet, que ç'à été beau, mais je ne me rappelle que confusément ce que j'ai dit, car ces discours je ne les ai pas. »

— « Monseigneur, dis-je alors, si cela doit être agréable à Votre Grandeur, je puis les lui offrir, car je les ai à peu près retenus de mémoire. »

— « Vraiment ? Eh bien ! apportez-les-moi. »

Je n'y manquai pas, et il en parut satisfait. Depuis lors, tant que je demeurai à Alger, et même encore durant la première année de mon grand séminaire, chaque fois que l'évêque prêchait, et à sa prière, si je puis me servir de cette expression, je me suis imposé la même tâche, faible hommage de ma vénération et de ma reconnaissance. On comprend maintenant dans quel but il me remettait le plan si bref qu'il avait tracé, c'était pour venir en aide à ma mémoire ; mais, hélas ! bien souvent je ne m'y reconnaissais plus, car, en montant l'escalier de la chaire, tout dans sa tête s'était modifié.

Je ne parlerai point ici des nombreux ouvrages publiés par Monseigneur Pavy et qui sont si justement appréciés

de tous les hommes sérieux. Malgré sa prodigieuse facilité, il n'écrivait pas pour le seul plaisir d'écrire, mais
pour accomplir ce qui lui paraissait un devoir ; s'élever
contre des abus, proposer une innovation utile, instruire
le troupeau confié à sa garde, défendre les victimes et
glorifier sa chère Algérie. Tous ses livres, depuis *le Céli-
bat ecclésiastique*, provoqué par un scandale qui eut lieu
dans la province d'Oran, jusqu'au cri si filial et si élo-
quent qu'il a poussé naguère en faveur du pape menacé,
tous, dis-je, sont nés de circonstances au-devant des-
quelles il ne se précipitait pas, mais qu'il saisissait avec
ardeur. *Facit indignatio versus !* Et alors, son imagination
si riche et si puissante s'enflammait, les idées se pressaient en foule dans sa tête ; pressé, harcelé en quelque
sorte, par l'inspiration qui le dominait, il se mettait au
travail, et en quelques jours, sans fatigue apparente,
l'œuvre était faite.

Il avait une faiblesse, tant il est vrai que les meilleurs
esprits sont vulnérables par quelque côté, et cette faiblesse, je la dirai. Il est assez grand pour qu'on soit exact
en parlant de lui. Il redoutait extrêmement la critique,
non pas celle qui pouvait s'attaquer à ses livres ; sans
doute, il avait bien, comme tous les écrivains, sa petite
vanité d'auteur, — montrez-moi un père sans partialité
pour ses enfants, — mais je veux parler de cette critique
odieuse autant que puérile qui, tout en respectant sa
réputation, ne ménageait pas sa personne.

Certaines feuilles de la colonie, et entr'autres *l'Atlas*,
d'Alger, de triste mémoire, lui ont ont fait passer des
heures bien tourmentées et bien malheureuses !.. On lui
reprochait son splendide palais ? Mais on ne l'avait point
bâti pour lui, Monseigneur Dupuch, avant lui, l'avait habité ! On lui reprochait sa délicieuse villa de Saint-Eu-

gène ? Mais les élèves de son petit séminaire, qui l'occupent, et où lui-même n'avait qu'une modeste chambre et un salon, en jouissaient comme lui ! On lui reprochait jusqu'à sa voiture !... Monsieur le gouverneur n'avait-il pas, lui aussi, un magnifique palais et une admirable villa ? Pourquoi donc la critique demeurait-elle muette en face d'une pareille énormité ? Ah ! c'est que parler, eût été une grave imprudence, tandis que l'évêque, c'était bien différent ! On pouvait hardiment s'attaquer à lui, et l'on avait, en effet, ce rare courage ; *on n'ignorait pas qu'il souffrait*, mais on savait aussi qu'il ne se défendrait pas.

Soyons juste pour tout le monde, même pour *l'Atlas*. Cette feuille avait une rancune à faire expier à l'évêque. Au moment où elle parut, on était venu prier Monseigneur Pavy de s'y abonner : il avait refusé net, crime impardonnable !

— « Mais, Monseigneur, avait-on insisté, abonnez-y au moins votre concierge. »

— « Pas même mon chat ! »

La réponse était dure, je l'accorde, mais si l'on réfléchit à l'esprit qui animait ce journal, on conviendra qu'elle était méritée : *Et indè iræ !* Tout cela était stupide et niais, l'évêque lui-même sentait tout ce que ces mesquines tracasseries avaient de ridicule et de méprisable, mais il ne pouvait se défendre de s'y arrêter, et son cœur si délicat et si susceptible, en était cruellement déchiré.

Ah ! ce cœur si bon, si dévoué, si paternel, si largement généreux, si on l'eût connu, on l'aurait épargné ! Quand il s'agit de lui, on peut épuiser toutes les formes de la louange sans être accusé d'exagération. Il me serait facile d'en citer mille traits admirables, je n'en rapporterai qu'un qui fera accepter tous ceux que je laisse dans l'ombre.

C'était au mois de juin 1853, l'évêque faisant une tournée pastorale de confirmation dans la province d'Alger, se trouvait à Cherchell le 18 au soir. Un jeune curé, dont Monseigneur Pavy avait visité la paroisse le 16 et chez lequel, à son départ, il avait oublié des papiers importants, s'était rendu à Cherchell dans le but de les lui remettre. Il faut ajouter que, depuis près de dix-huit mois, ce pauvre ecclésiastique était dévoré par les fièvres aussi rebelles que dangereuses qui désolent certaines parties de la plaine de la Mitidja. Il allait repartir pour retourner dans sa paroisse, lorsqu'un accès de fièvre des plus violents vint le contraindre à rester. Que fit l'évêque ? Il arrivait de Novi, fatigué lui-même d'une journée laborieusement remplie et par la chaleur qui était extrême. Eh bien ! il ne se coucha pas ! Il se tint presque constamment près du lit de ce jeune prêtre, et avec les tendres attentions d'une mère, lui donnant à boire, essuyant son front inondé de sueurs, replaçant de ses mains épiscopales les couvertures lorsque le malade, en proie au délire, les repoussait loin de lui... Ce n'est pas tout ! Le lendemain, la fièvre s'étant calmée, Monseigneur Pavy dit à cet ecclésiastique :

« Mon enfant, vous êtes épuisé ; vous allez vous rendre au grand séminaire d'où vous ne sortirez que parfaitement rétabli. Je vous laisse ma voiture et mon domestique qui vous y conduiront (il y avait plus de vingt lieues !) quant à moi, je vais prendre le bateau qui passe aujourd'hui pour rentrer à Alger. » — Et cela fut dit ainsi, avec cette simplicité d'accent qui enchante, cette grandeur du cœur qui s'ignore, cette ineffable tendresse du père de famille qui s'oublie lui-même pour son enfant !

Ce fait que je raconte en pleurant et auquel je ne songe jamais sans me sentir l'âme profondément émue... — il eût agi de même à l'égard de tout autre ! — ce fait, dis-je, a par lui-même une éloquence qui peut se passer de commentaires. Il me semble qu'il suffit et au-delà, pour faire apprécier la généreuse bonté de l'évêque d'Alger et qu'il est superflu d'en rapporter d'autres.

Quiconque n'a vu Monseigneur Pavy qu'en public, personnage officiel et comme tel obligé de représenter, ne l'a jamais connu. Autant il paraissait imposant et majestueux dans les cérémonies religieuses et les réunions d'apparat, autant il aimait à entourer de pompe et d'éclat *l'évêque*, représentant le plus élevé de l'Église d'Afrique, autant on le retrouvait simple et sans apprêt, ennemi de toute contrainte, accessible, affable et prévenant, lorsque se dépouillant de toute cette grandeur qui lui pesait, il rentrait dans le calme et la paix de sa vie habituelle.

C'est dans son petit séminaire, retraite qu'il s'était choisie et de laquelle il ne sortait guère que pour accomplir les grands devoirs de ses fonctions épiscopales, c'est là, dans l'abandon de l'intimité, qu'il fallait le voir pour le juger et le comprendre. La transformation était complète. Vivant au milieu de ses professeurs, dont quelques-uns tout jeunes abbés, d'autres déjà prêtres, dans une sorte de *camaraderie*, à travers laquelle pourtant on sentait toujours l'évêque, il s'asseyait à la même table, dans le réfectoire commun, et se contentait des mêmes mets. Les élèves, qui le chérissaient comme un père, le voyaient souvent durant les récréations se refaire jeune et enfant avec eux, se mêler à leurs jeux ou leur raconter des histoires qui finissaient à leur gré toujours trop vite. Et si, par malheur, un de ces enfants qui lui étaient si chers, ou un professeur tombait malade, comme le vénérable évêque se multipliait ! Alors il oubliait tout pour ne songer qu'à celui qui souffrait. Que de voyages par jour, et même la nuit, de sa chambre à l'infirmerie ! avec quelle maternelle anxiété il interrogeait M. le docteur Bureau, médecin de la maison, et son ami : — « Qu'en pensez-vous ? Sera-ce sérieux ? Y a-t-il quelque chose à craindre ?... »

C'est ainsi que chaque jour se passait sa vie dans ce pieux asile de Saint-Eugène, partagée entre les soins donnés à la règle de la maison, l'étude, les savants ouvrages sortis de sa plume et les soucis administratifs de son vaste diocèse. Ceux qui lui en ont reproché les délices ne la connaissaient certainement pas.

C'est là aussi que la plupart du temps il recevait les prêtres qui lui arrivaient, mandés par lui ou pour le consulter, de tous les points de l'Algérie. Tous ceux d'entre eux qui liront ces lignes se rappelleront avec quelle cordiale bonté, quelle effusion de cœur et quelle généreuse hospitalité ils y étaient reçus et traités. Voici avec quelle simplicité, digne des temps primitifs, les choses se passaient. En entrant dans la cour du petit séminaire, au premier domestique qui se présentait, on donnait, sans plus de façon, l'ordre d'ajouter un couvert à la table. Ou l'on venait en visite, ou bien l'on avait des affaires ; dans le premier cas, on ne dérangeait pas l'évêque et on ne le voyait qu'à midi, heure du dîner : — « Ah ! vous voilà, disait-il, » en vous embrassant et en vous serrant la main. Et l'on se mettait à table. J'ai déjà observé que Monseigneur Pavy mangeait au réfectoire. Les élèves étaient ravis quand des prêtres étrangers à la maison y paraissaient, car alors presque toujours l'évêque congédiait le lecteur et déliait leurs langues impatientes, et Dieu sait avec quel entrain ils usaient de la permission de parler ! Après le dîner, on montait au salon où l'on servait le café. C'est alors surtout que le caractère bon, facile, aimable, expansif et enjoué de Monseigneur Pavy se manifestait tout entier. Il était heureux de se trouver entouré de ses prêtres, joyeux de les revoir comme des amis longtemps désirés. Il fallait l'entendre interroger celui-ci sur sa paroisse, chercher avec celui-là une solution à une difficulté, plaisanter doucement cet autre, donner des conseils, répondre avec une humble condescendance à toutes les questions, même les plus futiles, et tout cela avec un esprit qu'on ne se lassait jamais d'admirer, un entrain charmant et une chaleur de cœur qui ravissait ! Ah ! les belles heures passées à Saint-Eugène, pourvu qu'elles ne se soient pas évanouies pour toujours avec l'illustre pontife qui savait si bien les remplir et les faire trouver si courtes ! Dieu veuille que son successeur, s'inspirant de son exemple, les fasse revivre et que les prêtres de l'Algérie retrouvent près de lui les mêmes facilités d'accès, le même accueil paternel et empressé ! Tout le monde, et surtout le bien général, ne peut qu'y gagner.

Le grave historien Rohrbacher a écrit, je ne sais plus à quelle page de sa grande histoire de l'Eglise, que lorsqu'on n'avait rien de mieux à dire d'un évêque, on se rabattait sur ceci, *qu'il avait été un habile administrateur.* Un jour qu'il dînait au grand séminaire, entendant lire cette phrase d'un auteur, exact parfois jusqu'au cynisme, Monseigneur Pavy se prit à sourire. Il savait bien que, vivant ou mort, personne ne songerait à faire de lui cet unique et assez maigre éloge.

On pense bien que je n'ai pas la prétention de faire ici l'histoire de l'administration de l'évêque d'Alger ; il me

faudrait pour cela un temps qui me manque et des docu-
ments que je possède pas, je dirai seulement quelle était
la règle qu'il s'était imposée dans la conduite de ses prêtres, et cette règle, on peut la lire dans les admirables
statuts dont il a doté son diocèse. — « Nous nous enga-
geons, devant Dieu, ainsi s'exprimait-il, à choisir toujours le plus digne et le plus apte ; à ne jamais déplacer,
sans un motif grave et reconnu, un prêtre content de sa
position ; à ne jamais en interdire aucun sans l'avoir, au
préalable, informé et sans avoir entendu sa défense ; à
ne jamais procéder seul à son jugement, mais entouré
de tout le conseil épiscopal auquel nous joindrons volon-
tiers, pour ce cas particulier, tout prêtre approuvé qu'il
voudra constituer son défenseur. »

De cette règle, pleine de mansuétude et de sagesse, il
ne s'écarta jamais, sauf dans de très-rares occasions
commandées par des circonstances exceptionnelles ; et
je dois ajouter, tant à la louange de Monseigneur Pavy
que des ecclésiastiques placés sous son autorité, que jamais, le cas échéant, ils ne voulurent soumettre leur
cause au conseil épiscopal, préférant tous être jugés par
le cœur seul de leur évêque.

Il avait, pour les changements, la plus profonde répu-
gnance. changements qui, fréquemment répétés, n'ap-
portent le plus souvent, que le trouble et la confusion
dans les paroisses, et un prêtre, à moins de raisons ma-
jeures, n'était jamais bien venu à le lui demander. En
cela, il était d'accord avec la discipline de l'Église. « Un
curé, avait-il coutume de dire, ne peut faire un bien
solide et durable, dans sa paroisse, qu'après y avoir ac-
quis une double autorité, celle du temps et des services
rendus. » — Et n'est-ce pas, en effet, de cette double
autorité que naît l'influence ? .

J'ai déjà dit qu'il n'était point parfait... Il avait parfois des moments pénibles ; c'était lorsqu'il avait ou même qu'il croyait avoir quelque chose à reprocher à un de ses prêtres. Alors, le premier choc était fort rude ; toute sa personne respirait l'indignation et une généreuse colère, sa voix s'élevait, ses yeux lançaient des éclairs ; les mots se pressaient dans sa bouche et ils en sortaient brûlants comme un fer rouge... Les prudents laissaient passer l'orage en silence et en attendaient respectueusement la fin, qui venait vite. Mais lorsque l'ecclésiastique, ainsi malmené, pouvait prendre la parole à son tour et expliquer ses raisons ; s'il n'avait commis qu'une maladresse, s'il ne s'était permis qu'une démarche compromettante, s'il parvenait à se justifier complètement de l'accusation qui pesait sur lui, si même il s'avouait humblement coupable et implorait son pardon, — oh ! comme la bonté naturelle de l'évêque succédait rapidement à son irritation première, avec quelle mansuétude pleine de cœur, il s'abandonnait à éclairer, à reprendre, à exhorter l'imprudent ou le coupable qui avait donné prise sur lui et abaissé la dignité de son ministère, avec quelle grandeur généreuse à tous il tendait la main et les relevait après les avoir humiliés par la réprimande ! Ce n'était plus le supérieur, justement blessé, qui parlait, c'était l'évêque. le pasteur, le père, c'était encore plus l'ami ; et presque toujours, il terminait par ces mots, oubli du passé et encouragement pour l'avenir : — « Vous dînez avec moi, aujourd'hui. »

Il y avait deux choses qui lui étaient particulièrement odieuses dans ses prêtres : la suffisance dans la nullité, qu'il ne pardonnait jamais, et l'orgueil obstiné en face de la faute, pour lequel il était sans pitié.

Si Monseigneur Pavy savait imprimer à ses prêtres une

direction à la fois puissante et sévère, il savait aussi, à l'occasion, les défendre avec énergie contre les exigences de certains fonctionnaires tracassiers, et les protéger contre les attaques injustes dont ils pouvaient être l'objet. Je me rappelle, entre plusieurs, deux faits concluants à l'appui de ce que j'avance. J'en vais citer un, le second viendra tout à l'heure.

Un officier, homme de la plus grande honorabilité, animé des intentions les plus droites, mais qui avait le malheur de se tromper quelquefois dans la manière de faire le bien, voulut comprendre le curé dans un ordre général de corvées que, de son autorité privée, il venait d'imposer aux habitants du village qu'il commandait en territoire militaire. Le curé, qui avait la plus haute estime pour cet officier, ne refusa pas de se soumettre à cette mesure, mais craignant que sa conduite ne fût invoquée plus tard comme un précédent, il jugea à propos, avant d'obéir, d'en référer à son évêque. Monseigneur Pavy, consulté, lui ordonna d'avoir à s'abstenir. Naturellement, cette défense fut communiquée à l'officier, mais celui-ci ne se tint pas pour battu. Abandonnant le curé, désormais hors de cause, il décida de traiter la question en litige directement avec l'évêque. Donc, à son premier voyage à Alger, il se présenta chez Monseigneur Pavy, qui l'accueillit à merveille, mais l'arrêta court dès qu'il voulut entamer l'affaire des corvées. L'officier crut devoir insister. L'évêque surpris autant que blessé s'exprima alors carrément pour en finir :

— « Monsieur, dit-il à cet officier, votre curé n'a qu'un supérieur en Afrique, et ce supérieur, c'est moi ; quant à vous, vous n'avez rien à exiger de lui en dehors des lois et des ordonnances en vigueur dans la colonie. . En disant que vous n'avez rien à lui demander, je me trompe, ajouta-t-il plus gracieusement, il est convenu que vous pouvez toujours lui demander l'absolution pour faire vos Pâques. »

Je tiens ces détails de la bouche même de l'évêque d'Alger.

Je n'ignore pas que plusieurs l'ont accusé de s'être montré faible ou trop facile, en certaines circonstances, en face de l'autorité civile et de l'autorité militaire surtout. J'avoue que moi-même j'ai été de ce nombre. Mais aujourd'hui, après plusieurs années de calme et de réflexion, la vérité sur la sagesse des motifs qui ont dicté la conduite de Monseigneur Pavy, se montre à mes yeux avec une évidence qu'aucune préoccupation ne vient plus diminuer ni obscurcir. Quand on songe aux immenses difficultés de sa position, à la multitude presque infinie de conflits, *toujours* sérieux, de plaintes, *toujours* fondées, de réclamations, *toujours* légitimes dans la pensée des agents inférieurs de l'administration qui les lui faisaient connaître ou qui les lui adressaient de tous les points de l'Algérie, et dans lesquels ils faisaient constamment intervenir l'autorité supérieure de la colonie ; quand on se rappelle la susceptibilité, parfois excessive, de certains chefs militaires, l'extrême délicatesse avec laquelle il fallait traiter les hauts fonctionnaires civils, — on ne peut s'empêcher d'admirer la rare prudence de l'évêque qui a su se faire estimer de tous, marcher d'accord avec tous, non pas sans quelques tiraillements, il est vrai, mais en évitant des éclats toujours fâcheux, et des luttes toujours préjudiciables au bien général. Lors donc qu'il a paru céder ou faiblir, il n'a obéi ni à la peur ni à la crainte, car il était naturellement audacieux, mais c'est qu'un intérêt d'ordre supérieur lui en imposait le devoir. Comme le pilote menacé du naufrage, il jetait à la mer une partie de sa cargaison pour sauver le reste, et les passagers qui ont pu momentanément en souffrir lui doivent encore de la reconnaissance.

Cependant il ne se résignait à ces sacrifices qu'à la dernière extrémité, et même il est arrivé plus d'une fois que, poussé jusque là, il a opiniâtrément résisté avec succès. J'en puis fournir une preuve peu connue, c'est le second fait dont j'ai parlé plus haut et qui a eu lieu au sujet d'un essai tenté pour la conversion des Arabes.

Ah ! la conversion des Arabes ! que n'a-t-on pas dit au sujet de cette immense question ? Il s'en est trouvé, surtout en France, qui ont accusé Monseigneur Dupuch d'y avoir touché trop tôt, et je suis de leur avis ; d'autres ont prétendu que Monseigneur Pavy, venu après, ne s'en était point occupé du tout, et contre ceux-ci, je proteste. En voyant les indigènes de l'Algérie, devenus sujets de la France, encore soumis au joug abrutissant du mahométisme, tout le monde se disait : « Évidemment, il y a là quelque chose à faire ! » Et chacun ajoutait, avec une impatience dans laquelle il entrait autant de foi chrétienne que de vrai patriotisme : « Eh bien ! pourquoi ne fait-on rien ? » Et il n'est venu à personne l'idée de se poser cette simple question : « Mais est-il possible d'agir ? » Agir ? l'évêque d'Alger ne le pouvait pas, *il avait les mains liées*. Voilà la vérité. Le pouvoir, pour des motifs que nous devons respecter, s'est constamment opposé aux tentatives qui ont été faites dans ce sens, et il ne paraît pas décidé à modifier ses idées sur ce point, puisque tout récemment encore des jésuites qui avaient commencé en Kabylie une mission pleine de promesses, dit-on, ont été invités à cesser toute propagande catholique.

Voici le fait annoncé.

Le vénérable M. Girard, premier supérieur, et on peut

e dire, fondateur, après l'évêque, du grand séminaire
'Alger qu'il dirige encore aujourd'hui, malgré son âge
vancé, avec une bonté et une intelligence auxquelles
ous les prêtres formés par lui se plaisent à rendre un
olennel hommage, M. Girard, dis-je, avait depuis long-
emps conçu le projet de travailler à la conversion des
ndigènes ; — mais comment mettre ce projet à exécu-
ion? Enfermé dans son séminaire, qui l'absorbait tout
ntier, il ne pouvait songer à saisir une occasion qui ne
e présenterait point. Le zèle est industrieux, et M. Gi-
ard est un homme à ressources. Après en avoir conféré
vec ses deux conseillères ordinaires, la très-sainte
Vierge et sainte Philomène, il imagina de faire venir à
ui l'occasion puisqu'il lui était impossible d'aller à elle,
t voici de quelle manière il s'y prit. A sa prière, les
œurs de saint Vincent de Paul recueillirent, après avoir
btenu l'assentiment des parents, quelques enfants ara-
es à peu près abandonnés dans les rues d'Alger ou ap-
artenant à des familles indigentes, et les lui donnèrent.
e fut là le commencement. Bientôt les premiers venus
n appelèrent d'autres, et successivement le nombre s'en
leva à douze ou quinze tout au plus. Comme on le voit,
'était bien modeste. Tout d'abord, il fallut les laver,
hose indispensable, puis les habiller des pieds à la tête
our les débarrasser de la dégoûtante vermine dont ils
taient richement pourvus. Ces enfants furent ensuite
lacés sous la direction d'un pieux ecclésiastique, à Bir-
adem, où le grand séminaire possède une petite maison
e campagne. Là, sans exiger ou recevoir d'eux aucune
étribution, on les nourrissait, on leur enseignait à parer et à lire en français, à écrire, à calculer ; par de sages
vis, de paternelles réprimandes, des instructions appro-
riées, la prière et le bon exemple, on s'efforçait de faire

naître et d'imprimer dans leurs cœurs certains senti-
ments de dignité, l'amour de l'ordre, la volonté du bien,
l'horreur du vice, le goût du travail, la crainte de Dieu,
toutes choses fort inconnues dans les ruisseaux d'Alger
d'où on les avait sortis ; en un mot, on prenait les moyens
les plus propres à les initier lentement et sans secousses
avant d'en faire des chrétiens, à cette vraie civilisation
que l'Évangile a apporté au monde et dont il est resté le
protecteur.

Certes, à tous les points de vue, celui de la simple huma-
nité, comme celui de la charité chrétienne, c'était là une
bonne œuvre à laquelle on ne pouvait qu'applaudir, et
qui ne devait porter ombrage à personne ; aussi passait-
elle inaperçue et nul, à part ceux qui s'y intéressaient,
n'y paraissaient songer. Mais *l'Atlas*, ce journal dont il a
déjà été question, connaissait cette œuvre, et il jugea à
propos d'en entretenir ses lecteurs. Naturellement, ce fut
pour la combattre et appeler sur elle les foudres de l'autorité.

N'est-il pas étrange que la plupart de ces feuilles, soi-
disant libérales, si fatales au bonheur du peuple auquel
elles se prétendent dévouées, et aux intérêts de la France
qu'elles trahissent en affectant de les servir, n'est-il pas
étrange, dis-je, que ces feuilles ne peuvent pas voir, en
dehors de leurs principes, une généreuse tentative d'é-
mancipation et de liberté, sans immédiatement s'élever
contre elle et la dénoncer au pouvoir ? Ce spectacle hon-
teux autant qu'instructif était réservé à notre temps. ...
On invoqua la liberté de conscience, on cria à l'accapa-
rement, au fanatisme surtout ! Puis arriva l'inévitable
antienne que chantent, avec un ensemble si édifiant, ces
apôtres de la servitude quand il s'agit de monter à l'as-
saut d'une œuvre qui blesse leur intelligent patriotisme :

« — La paix allait être compromise ! Les Arabes, inquiets de cette propagande à huis-clos, allaient peut-être se soulever ! » Que sais-je ? « Enfin, on ne pouvait trop tôt et trop énergiquement réprimer une pareille imprudence : le salut de l'Algérie était à ce prix ! »

Voilà pourtant ce que quelques fortes têtes de la ville, mises en éveil par les attaques de *l'Atlas*, ne cessaient de répéter sur tous les tons, à propos de douze ou quinze enfants indigènes, asséz mauvais drôles, je l'avoue, dont un digne prêtre, le plus inoffensif des hommes, avait entrepris la réhabilitation morale et l'éducation religieuse, avec la seule ambition d'en faire des *Français*. C'était ridicule autant qu'odieux, mais on ne l'ignore pas, certains libres-penseurs, comme on dit aujourd'hui, savent affronter le ridicule, et la calomnie, depuis longtemps ils l'exploitent. Peu importe les moyens, l'essentiel est d'atteindre le but. Cette fois encore, ils devaient réussir.

Que se passa-t-il ? L'autorité supérieure militaire de la colonie s'alarma-t-elle à son tour et formula-t-elle une plainte contre le respectable supérieur du grand séminaire ? Une dénonciation en règle fut-elle adressée d'Alger à Paris par un de ces libérâtres, si peu nombreux pourtant dans cette première ville ? Ou bien, le gouvernement de la mère-patrie fut-il seulement renseigné par les feuilles qui s'étaient faites, en France, l'écho des colères de *l'Atlas* ? Je l'ignore et ne veux rien avancer de téméraire. Tout ce que je sais, c'est qu'un matin du mois de décembre 1851, Monseigneur Pavy fut fort étonné de voir entrer chez lui M. l'abbé Martin, assistant du père Étienne, supérieur-général des Lazaristes, dont le départ de Paris avait eu lieu subitement, tant l'affaire qui l'amenait avait paru urgente. Il était envoyé, ainsi qu'il l'apprit à l'évêque, pour prendre la direction du grand séminaire à la place de M. Girard, rappelé en France sur l'a-vis du ministre de la guerre. M. Girard devait s'embar-quer sur le plus prochain courrier.

Qu'on juge de l'émotion de Monseigneur Pavy à cette nouvelle aussi étrange qu'inattendue! Abandonner son père Girard, son conseiller, son ami, cet homme si sim-ple, si droit, et qui le secondait avec tant d'intelligence et de dévouement, ce sacrifice qu'on exigeait de lui n'é-tait pas possible! Aussi, n'hésita-t-il pas un instant sur le parti qu'il avait à prendre. M. Pélissier remplissait alors les fonctions de gouverneur par intérim. L'évêque, qui n'avait que la petite place dite du gouvernement à traverser, courut tout de suite au palais, et là, entre ces deux hauts personnages, il se passa une scène qui ne surprendra aucun de ceux qui les ont connus.

— « Qu'est-ce que je viens d'apprendre? s'écria l'évê-que en abordant le général, qui en savait sans doute au-tant que lui..... Comment! on veut faire partir le supé-rieur de mon grand séminaire, le père Girard. »

— « Que voulez-vous que j'y fasse? répondit M. Pélis-sier en nazillant suivant son habitude. Il y a des ordres, des ordres positifs..... Aussi, pourquoi diable va-t-il s'oc-cuper de ces choses-là? »

— « Monsieur le gouverneur, reprit l'évêque, si quel-qu'un doit partir, ce n'est pas le père Girard, c'est moi, car j'ai approuvé tout ce qu'il a fait ! »

— « Connu ! connu ! » riposta le général, avec cet air narquois et ce style, parfois trop sans façon, qui lui étaient familiers.

Monseigneur Pavy ne put s'empêcher de sourire, mais il ajouta aussitôt avec fermeté :

— « Dans tous les cas, il ne faut pas qu'il parte ; vous pouvez l'empêcher, et il ne partira pas ! »

— « Eh bien ! je vous dis, moi, qu'il partira ! »

— « Non, cela n'est pas possible, vous ne me ferez pas cet outrage... D'ailleurs, je ne veux pas qu'il parte ! »

— « Ah ! vous ne voulez pas qu'il parte ! » s'écria M. Pélissier, de son air le plus furieux... « Ah ! vous ne voulez pas ! Eh bien ! fit-il, en éclatant de rire, car il aimait les hommes résolus et qui lui tenaient tête... Eh bien ! gardez-le donc, j'arrangerai ça... Mais dites-lui bien qu'il s'arrête et ne recommence plus... Il y a un tas d'imbéciles qui crient, çà leur fait des affaires là-bas, et ils se fâchent... »

Il allait continuer sur ce ton, moitié amical moitié bourru, lorsque Monseigneur Pavy, dont la bonne humeur était revenue, l'arrêta :

— « Est-ce que vous auriez envie de me faire un sermon ? lui demanda-t-il ; vous savez bien que j'en fais, mais que je n'en reçois pas... Allons, continua-t-il, en lui serrant la main, arrangez cela. »

— « Je tâcherai, mais... »

— « Connu ! connu ! » s'écria à son tour l'évêque, et ils se quittèrent les meilleurs amis du monde.

M. Girard ne partit pas, mais comme l'avait dit le général Pélissier, *il fallut s'arrêter*... La maison fut donc fermée et les enfants rendus à leur famille, c'est-à-dire à la rue, au vagabondage, à l'ignorance, à l'abrutissement. Tout le monde alors put dormir sans inquiétude, l'Algérie était sauvée ! Et si depuis les Arabes se sont révoltés, évidemment le père Girard n'y a été pour rien.

Ce n'est pas là. je me hâte de le dire, ce que le noble cœur de Monseigneur Pavy avait rêvé quand il s'écriait, avec un zèle qui s'est toujours soutenu et une énergie qui l'a suivie jusque dans la mort : — « .... Il nous est impossible de *croire et de nous taire* (1) ; impossible *de tenir enchaîné le Verbe de Dieu* (2) ; impossible de ne pas appeler *sur tout homme venant en ce monde la lumière* de Dieu vivant (3) ; impossible de ne pas évangéliser à tous celui qui est *la voie, la vérité et la vie* (4) ; impossible de ne pas montrer aux âmes le chemin du Ciel, de ne pas allumer sur les montagnes le flambeau de la saine doctrine ; impossible de laisser périr de sang-froid des âmes pour qui Jésus-Christ est mort, et auxquelles il a préparé, comme à vous-mêmes, une immortelle couronne. Certes, par la sagesse et la prudence de nos démarches, et par notre patience à attendre les temps *que le Père céleste a mis en réserve dans sa puissance* (5), nous saurons bien concilier la modération avec le zèle religieux ; notre cœur d'évêque saura se contenter de prier lorsque notre main ne trouvera rien à moissonner. Dieu nous garde d'entraînements non moins périlleux pour l'Église elle-même que pour la sécurité du pays ! Mais, qu'on le sache bien, si nous ne pouvons vous sauver tous, habitants de l'Algérie, notre droit et notre devoir sont d'appartenir à tous, d'être prêt à répondre à tous, de vous aimer et de vous bénir tous, sans distinction de nom, de pays, de race et de croyance. Ce droit, nous aimerions mieux tout perdre que de le sacrifier jamais ; ce devoir, nous aimerions mieux périr que d'y être un seul jour infidèle (6). »

Ce « droit » de bénir et ce « devoir » de se dévouer à

(1) Ps. 115.
(2) 2 Tim., II, 9.
(3) Saint Jean, I.
(4) Saint Jean, XIV, 6.
(5) Actes I, 7.
(6) Lettre pastorale de Monseigneur l'évêque d'Alger, du 2 juillet 1846, à l'occasion de son entrée dans son diocèse.

tous, on ne les lui a jamais contestés, et il en a usé largement, mais il a vainement attendu « *les temps que le Père
céleste a mis en réserve dans sa puissance,* » il est mort
avant de les avoir vus se lever pour lui. Pourtant, ne
désespérons pas, la divine Providence met souvent en
œuvre d'étranges ressorts pour arriver à ses fins, et plus
d'une fois la religion a vu le salut lui venir de ses plus
acharnés ennemis : *Salus ex inimicis.*

Qui ne sait aujourd'hui que les indigènes de l'Algérie,
malgré leur fanatisme, témoignent la vénération la plus
profonde à nos prêtres catholiques, qu'ils les accueillent
sous leur tente avec le plus cordial et le plus respectueux
empressement, qu'il ont en eux une confiance extrême et
les écoutent avec la plus religieuse attention (1) ?

Et si je suis bien renseigné , ce qui vient de se passer
il y a quelques jours à peine, à Laghouat, capitale du Sa-
hara algérien , ne contribuera pas peu , il faut l'espérer,
à dissiper les craintes du pouvoir, à l'engager à étudier
et à prendre enfin les moyens d'arriver à cette assimilation si désirable des conquérants et des vaincus, par la
seule voie qui n'ait pas encore été tentée, et la seule vraie
pourtant, je veux dire, par le christianisme. C'est là, en
effet, pour lui une preuve de plus , et elle est assez
éloquente, de la réelle sympathie qu'éprouvent pour nos
prêtres les indigènes.

Cette preuve, la voici :

Laghouat avait deux prêtres Lazaristes, mes successeurs
faisant fonctions, l'un de curé, l'autre de vicaire, et des
sœurs de Saint-Vincent de Paul, dont l'influence était

(1) *Voir les Arabes et l'occupation restreinte en Algérie*, 1 vol. in-18, et
l'Assimilation des Arabes, 1 vol. in-18, Paris ; chez Challamel aîné, édi-
teur, rue des Boulangers Saint-Victor.

considérable. Cette influence, leur habit la leur avait acquise tout d'abord, mais chaque jour elle avait été grandissant avec le nombre des services rendus par eux à la population de cette ville. Le système d'occupation restreinte ayant prévalu, ces ecclésiastiques et ces sœurs ont dû quitter Laghouat, dont l'importance, comme poste militaire avancé, a été ou va être fort amoindrie, et par conséquent les écoles qu'ils y avaient ouvertes être confiées à des mains laïques ou fermées. Les Arabes de cette ville, et avec la garnison ils en sont presque les seuls habitants, avaient ressenti la peine la plus vive au départ de ces prêtres et de ces religieuses, et leur vœu le plus ardent était de les voir revenir. Aussi, tout dernièrement, se sont-ils entendus pour faire une démarche collective près de l'autorité supérieure de la colonie et la supplier de leur rendre, pour élever et instruire leurs enfants, ces *marabouts* et ces *maraboutas* qu'ils ont appris à bénir et à aimer. Exaucera-t-on leur prière? Je le désire sans trop l'espérer. Mais quoi qu'il arrive et quoi qu'on fasse, cet acte tout spontané de la population indigène de Laghouat, en faveur de nos prêtres et de nos sœurs de charité, n'en aura pas moins une haute signification et il restera comme un témoignage irrécusable de l'action que pourraient exercer sur les Arabes les ministres de l'Evangile, si leur zèle était libre de se déployer.

Le successeur de Monseigneur Pavy sera-t-il plus heureux et verra-t-il enfin briller sur la terre d'Afrique « *Les temps marqués par le Père céleste!* » Le pouvoir revenu à une appréciation plus exacte du caractère et des sympathies des indigènes, voudra-t-il permettre ou seulement tolérer qu'une suprême expérience soit tentée, à l'aide de moyens commandés par les circonstances et le génie du peuple qui en serait l'objet! En un mot, verrons-nous l'administration supérieure, je ne dis pas favoriser ouvertément la conversion des Arabes et y applaudir, ce serait vraiment trop beau ! mais seulement se décider à examiner sans préventions, si de ce côté, il n'y aurait pas réellement *quelque chose à faire?* — Je voudrais me faire illusion, mais je crois qu'il ne faut guère y compter, l'expérience du passé m'éclaire sur l'avenir. Ne désespérons pas cependant, je le répète, l'heure du salut sonnera certainement pour les Arabes, Dieu ne permettra pas qu'ils restent éternellement aveugles en face de la lumière, et peut-être le jour qui doit l'entendre frapper est-il plus près de nous qu'on ne le pense. Cette heure avec tous les vrais amis de la religion, de la France et de l'Algérie, je l'appelle de toute l'ardeur de mon âme et je la saluerai avec amour et reconnaissance. Les hommes passent vite, la vérité seule demeure, et il arrive un moment où, bon gré mal gré, elle force les portes et s'impose. Jésus-Christ ne s'est-il pas fait attendre quatre mille ans au monde accroupi dans les ténèbres où il se plaisait ? Et alors, qu'est-il arrivé? *Aux temps marqués par le Père céleste dans sa puissance,* le Sauveur est venu, de sa main divine il a saisi le monde qui le repoussait, et en dépit de ses efforts pour rester couché, il l'a obligé à se tenir debout en pleine lumière de son Évangile et à vivre d'une vie nouvelle. Glorieuse victoire que lui-même a célébrée : « *Confidite, ego vici mundum* (1) ! « — Si ce cri de triomphe du Fils de Dieu nous est une promesse de force, il est aussi notre espérance. Dans un avenir, qui se rapproche chaque jour l'Afrique l'entendra de nouveau retentir, les barrières qui se dressent encore entre elle et la vérité s'abaisseront pour lui livrer passage, et l'Arabe, heureux d'être vaincu

____

(1) Jean, XIV, 33.

à son tour, comme le vieux monde païen, se relèvera, au pied de la croix, de l'abjection où il se traîne depuis tant de siècles : *Confidite!*

Avec plus de bonheur que personne, l'évêque d'Alger eût salué cette résurrection générale de la terre qu'il a sillonnée de ses pas et arrosée de ses sueurs pendant vingt ans ! Dieu n'a pas permis que cette dernière gloire lui fût réservée; il l'a appelé à lui, sans doute pour achever de préparer à son successeur ce jour de réparation et de victoire, et le bénir du haut du ciel. Mais, quelle qu'en soit la date dans les desseins de l'éternelle sagesse, éloignée ou prochaine, le nom de Monseigneur Pavy s'y trouvera mêlé et y brillera comme le grand nom de Moïse mort dominait encore celui de Josué entrant à la tête des Hébreux dans la terre promise.

Au surplus, il lui reste assez d'autres titres à la reconnaissance de l'Algérie, il peut se passer de celui-là. Quoiqu'il lui ait été impossible de réaliser toutes les généreuses aspirations de son cœur, soit parce que le temps lui a manqué, soit parce que la bonne volonté de quelques hommes lui a fait défaut, si l'on se reporte en arrière et qu'on examine les résultats obtenus, on reconnaîtra que jamais évêque, placé dans d'aussi exceptionnelles conditions, n'a accompli des œuvres plus nombreuses, plus vraiment utiles, plus glorieuses, et marquées de ce cachet que la religion imprime à tout ce qu'elle consacre, la perpétuité.

Et maintenant, comme il l'a dit lui-même, il est parti, — parti « pour cette terre que l'Écriture nomme la terre des vivants, *terra viventium,* » — laissant à l'Algérie, qui en sera toujours fière, une mémoire illustre, sainte et honorée ; des créations qui parleront de son zèle pour la gloire de Dieu et le salut des âmes à la postérité la plus reculée : un petit séminaire florissant, un grand séminaire nombreux, des communautés religieuses prospères, un clergé jeune, actif, intelligent, dévoué, formé sous ses auspices à une discipline sévère, et ce magnifique monument élevé à la gloire de Notre-Dame d'Afrique, pour lequel il s'était fait mendiant ! Il est parti, laissant après lui le calme et la paix où il n'avait rencontré que confusion et désordre, le nom de Jésus-Christ connu et partout adoré dans des temples élevés à sa prière, l'activité féconde de la vie chrétienne où il n'avait trouvé que le morne silence des solitudes, en un mot, la richesse et la fertilité où se montrait dans toute son indigence la désolante nudité du désert ! Enfin, il s'en est allé, nous laissant à tous prêtres qu'il a enfantés à l'Église, simples fidèles qu'il a instruits de sa parole, de salutaires leçons de vertu, d'honneur, de dévouement, d'étude, de labeur incessant, dans sa vie toute entière, et sur ce lit de mort où, résigné sous la main de Dieu, il s'est montré si simplement grand en face de l'éternité, un sublime exemple.

12 décembre 1866.

Voici le texte des paroles adressées par Monseigneur l'évêque l'Alger à l'assistance qui l'entourait, lorsque ce prélat a reçu les derniers sacrements :

« J'aurais voulu, messieurs, vous parler un peu longuement, mais les forces me manquent pour vous exprimer tout ce qui se passe au fond de mon cœur. Vous accueillerez mes paroles

comme celles d'un voyageur pressé de partir, et qui dit adieu...
Dieu m'appelle et je suis prêt pour le grand voyage, et ce sera,
je l'espère, vers cette terre que l'Écriture nomme la terre des
vivants : *terra viventium.*

« J'aurais assisté avec bonheur au couronnement des œuvres
commencées et auxquelles j'ai consacré les vingt ans de ma vie
d'évêque ; mais la Providence semble s'amuser des desseins des
hommes.

« ... C'est un de ces jeux (en souriant) qu'il faut adorer et
bénir. Je puis donc répéter la parole du poëte latin : *Sic vos non
vobis nidificatis, aves. Sic vos non vobis fertis aratra, boves...*
Mieux encore, messieurs, pour parler avec les livres saints :
C'est Salomon qui construit et consacre l'édifice dont son père
David, avait, de longue main, préparé les matériaux ; c'est
Moïse qui sauve son peuple et lui donne la loi, mais c'est Josué,
qui l'introduit dans la terre promise.

« En vous disant adieu, j'ai à vous laisser particulièrement
trois recommandations, dont vos cœurs me répondent : d'abord
je confie à votre zèle l'œuvre si chère de Notre-Dame-d'Afrique,
et j'éprouve une véritable satisfaction à penser que le dévoû-
ment éclairé de la commission, dont j'aperçois ici des membres
illustres, ne fera pas défaut à cette jeune orpheline, ce beau monument dû à la mendicité, mendicité féconde autant que glorieuse. Il y a là une bonne fille, qui a recueilli des pièces
abondantes pour la besace du mendiant de Marie, vous ne l'ou-
blierez pas ?

« Le second avis, messieurs, c'est que vous gardiez un atta-
chement inviolable à la discipline de l'Église, obéissance et
respect à l'autorité ecclésiastique, quel que soit le successeur
que la Providence vous destine. J'attache à ce point la plus haute
importance. Depuis vingt-sept ans, mon prédécesseur et moi
avons travaillé pour obtenir ce bel ordre qui existe dans notre
jeune Église d'Afrique. Souvenez-vous, messieurs, que ce qui
fait les saints, c'est moins l'héroïsme des actions grandes et
éclatantes, que la fidélité à la règle.

« Enfin, prêtres de l'Église, aimez-vous les uns les autres ;

demeurez toujours unis par les liens de la charité fraternelle. Si je vous fais cette recommandation, ce n'est pas qu'à cet égard j'ai à vous faire le moindre reproche ; j'ai des éloges à vous adresser : c'est un touchant spectacle que celui de la bonne harmonie qui a toujours régné parmi vous, et qui, de tant d'éléments venus de pays si divers a réalisé si bien la perfection de la charité.

« Adieu, mes enfants, adieu !... »

(*Moniteur Algérien*, du 16 novembre 1866.)

FONTAINEBLEAU. — IMPRIMERIE E. BOURGES.